Ulrike: Eine Erzählung

Carl Sternheim

Alpha Editions

This edition published in 2022

ISBN : 9789356903548

Design and Setting By
Alpha Editions
www.alphaedis.com
Email - info@alphaedis.com

Contents

ULRIKE

Ulrikes beflaggtes Elternhaus, Schloß Miltitz, stand unter Föhren in einem Blachfeld der Uckermark. Trat von der Anfahrt und geharkten Wegen man zur Seite, sank der Fuß durch Sand auf Grund. Manchmal stak eine Stange, saß wo ein Rabe im Park; sonst war Acker. Latten fehlten Bänken, Rabatten das Mittelstück. Am Haus des ersten Stockes viertem Fenster eine Scheibe.

Von Blei schien meist der Himmel. Blaue Fahnen klafften kaum hinein, häufig aber strich Regen schräg und mengte aus Erde klebriges Gelb, durch das ein Wagen sich vors Haustor wälzte.

In das trat Paschke, der Diener, stracks und gab allem, was ankam, den Arm. Die Kinder warf er wie Bälle zum Flur, wo Graf Bolz, der Vater, mit dröhnendem Willkomm empfing. Aller Mahlzeit Beginn und Schluß hieß Gebet. Brot, Schwein und Kartoffel lagen inmitten. Das und die Familie war protestantisch. Preuße der liebe Gott.

Evangelisch war Magd, Knecht und Vieh und alles sehr in den Herrn gekehrt. Über der Gemüter fader Landschaft lag in Kindern und Gesinde des Hausherrn Zufriedenheit als Licht, wie Sturm und Gewitter sein Unwille. Auf seine Person war alles Begreifen gedrillt, der Hosen Sitz, des Bartes Schmiß früh allemal Symbol.

Ulrike von Bolz sah in des Vaters Blick und war mit Ruck ein Bündel Angst. In Gewohnheiten und Erfordernisse tauchte sie, ohne den Sinn zu wissen. Wuchs als Teil eines Ganzen, das Bolz hieß und Rang vor der Umwelt hatte. In der es Bolzburg, Bolzmühle, Bolzweg gab, und bürgerliche Bolze durch alle Dörfer balgten. Hier lebte aus dem Geschlecht ein Sproß, ohne sich weitläufig zurechtfinden zu sollen. Denn überall ging durch Mensch und Landschaft seine Blutspur, und am besten lief wie der windende Hund er der Nase nach.

So machte an Ulrike sich alles selbst. Zum Knie wuchs der Rock, zur Wade, zum Schuh. Haar floß in längerem Blond, Brust sprang zu Kugeln vor, und es rundeten sich mählich die Beine. Sie reichte dem Obst in die Äste und mußte, es zu pflücken, nicht mehr klettern. Sechzehn Jahr war sie alt und wußte nicht, wie sie's geworden.

Pastor Brand blieb tabakbestäubt, kalt feiertags die Kirche, im Saal des Harmoniums F im Diskant verstimmt. Und immer noch schwang der Graf, war er mißlaunt, die Hand der Tochter um die Löffel. Nur überm Knie hatte sie ihm letzthin nicht gelegen und seine Faust nicht auf sich gefühlt. Doch konnte das stündlich wiederkommen.

Im Stall führte sie der Kühe Melkung. Morgens um fünf, schlief sie noch halb, sprang das Litermaß ihr ins Bewußtsein. Wie oft würde sich's heut unter den Eutern füllen? Würde trocken die Spreu, Rübe verdaulich und warm, mehlig und schmackhaft die Kleie sein? Ob Hände, Schleuder und Buttermaschine die Mägde gespült haben möchten, und durch Klee und Luzerne die Tiere nicht im Pansen gebläht wären, daß, ehe der Vater vom Gräßlichen wußte, mit dem Trokar sie das Schlimmste Verhüten müßte.

Auch die Hühner waren ihr anvertraut. Sie machten kaum Pein. Mit Futter und Frohsinn hielt sie sie bei Laune, daß emsig sie legten. Keins hatte letzthin den Pips oder wäre sonst zu heilen gewesen.

Liebe und Ehrfurcht, die für Pflege das Vieh ihr bot, bewegten in Ulrike ein Gegengewicht zur Unterwerfung unter Vaters Willen und der kränkelnden Mutter Nörgelsucht. Von den Brüdern, denen sie im Weg war, setzte es Püffe zwischen die Schenkel. Zog sie abends Kleider aus und legte sie auf den Stuhl am Bett, war sie blau davon. Später wurden in Silber und Grün mit Litzen, Schnüren und Tressen die beiden Husar und Ulan. Fleißiger sparte man zu Haus, daß Dietrich und Horst im Regiment sein konnten.

Im Herbst blies in Lebens Blaß mit Jagden schmetternder Auftakt. Tagsüber flimmte das Korn in den Kimmen, knallte Pulver im Hag, und kleine Leichname lagen abends, in Parade gestreckt, an der Terrasse. Geröckte Förster hielten Fackeln, und Gäste kamen groß daher.

Ulrike aber zog ein weißes Kleid an, das zwischen Strumpf und Hose Knie sehen ließ und strich mit gekniffenem Lächeln unter Männern, die nach Schweiß rochen und sie auf den Schoß holten.

Nachts war Türenschlagen. Das weibliche Gesinde, sonst mit den Hühnern im Bett, huschte durch die Flure und hatte in Mundwinkeln Feuchtigkeit. An ihres Stübchens Gegenwänden hörte Ulrike der Fremdenzimmer Betten seufzen und fürchtete sich melancholisch.

Als sie Pelzmantel und Federhut bekommen hatte, fuhr mit den Eltern sie nach Berlin. Vor der Abfahrt war der Pastor dagewesen, hatte wie ein Menetekel geflammt und sie bis ins Blut erschüttert. Nein, ihr würde die Fahrt nichts anhaben! Die gleiche Ulrike wollte ihrem Seelsorger wieder zufliegen, und ihres Busens fromme Himmel sollten nicht wechseln. Sie war getrost und hatte mit Tränen den Kopf geschüttelt. Auch wußte sie gar nicht, was Brand wirklich meinte.

In Berlin war alles elektrisch. Schon am Bahnhof hing Kuppel an Kuppel vom Plafond wie in Miltitz der wächserne Mond. Man flog durch Straßen, Treppen im Hotel hoch, indem man kurbelte und Knöpfe drückte.

Auch in den Zimmern ging alles auf Druck und Zug; aber wie jedermann mit Blitz entsprach, mußte der eigene Geist sich tummeln. Schnell sollte zu Aufträgen man ausholen, wo aller Auge wartete.

Durch üppige Mahlzeiten triefte der Leib vor Saft und wuchs zu Außerordentlichem. Ihre Glieder sah Ulrike flitzen. Schon wenn mit Schwung das Bein sie morgens aus dem Bett warf, Wäsche, Kleid, Frisur im Sturm vollendete, mußte sie ihrer Flinkheit staunen. Hier, wo Bilder an Wänden des Daseins Reize priesen und mit Liebesszenen und Schwelgereien den Augenblick zum Verweilen luden, erfüllte sich in Wirklichkeit der Sinn der in Miltitz in Holzbrand prangenden Weisheiten unaufhörlich: Was du tun willst, tu bald. Und: Doppelt gibt, wer schnell gibt.

Von früh bis spät war sie purpurne Eile. Herz und Backen brannten in Angst, Wichtiges zu versäumen. Auch die Eltern, die nörgelnde Mutter selbst, holten mit Schritten aus, und mit gespreizten Beinen sprang Ulrike an ihren Armen. Nach links, rechts klopfte der Zopf, flogen die schlürfenden Augen. Nie gesehenen Ausdruck der Gesichter, überraschende Haltung der Figuren, der Linien, Kreuzungen und Schnürungen gab es überall, Geräusche festzustellen und bei Gerüchen zu schaudern oder lustigem Kitzel zu wehren.

An Soldaten, die im Helmbusch mit paukendem Klamauk stampften, sah das Mädchen Mannes Strammheit ein, und daß in Miltitz die Knechte lümmelten. An den Frauen, die beim Regen Röcke hoben, stellte sie einer freien Wade heftigen Reiz anders fest als bei Mägden, die arbeitend Beine ganz entblößten. Selbst eines Pferdes Stallen auf der Straße wirkte bei stürmender Wagen allgemeiner Hast als schallende Sensation.

Panoptikum und zoologischer Garten schlossen in Ulrike die Vorstellung des brodelnden Topfs, in den sie geworfen war. Doch ließ auf einmal Spannung nach, in sich brach sie zusammen und war nur matt und schlapp. Im Dom der Gottesdienst, bei dem ein feister Geistlicher, das Ordensband auf dem Talar, zur Andacht rief, konnte ihre Sehnsucht nach Miltitz' Kühen und Hühnern, dem Himmel von Blei und Pastor Brands schlechtduftendem Rock nicht mehr beschwichtigen.

Doch bis sie nach Haus kam, blieb noch zu erleben: Eine Aufführung des Wilhelm Tell, in der Rudenz die Federn prachtvoll vom Haupt schaukelten, man vom Parkett aus Trude Stauffachers Strumpfbänder sah, und in der nach Tells Schuß der Apfel auf seines Knaben Scheitel geduldig liegenblieb. Das war in dieser Stadt, die in eilenden Treibriemen kreischte, das erstemal, daß eine Nummer versagte. Tiefen Eindruck machte das Ereignis auf Ulrike, und sie ließ in ihrem überanstrengten Bemühen nach.

Das Schadenfeuer in des Hotels Nähe packte sie nicht ganz, weil ein anderes, das man im Kino gezeigt, plastischer gebrannt hatte. Insbesondere konnte auf der Leinwand ein von Dämpfen Betäubter mittels sinnreicher Anstalten noch durchs Fenster ins Freie gebracht werden, während in der Wirklichkeit Schreie hinter Rauchgardinen schlimmen Ausgang verrieten.

Doch war endlich für den nächsten Morgen der Aufbruch angesagt. Am Abend gab im kleinen Saal der Graf den Freunden noch das Abschiedsessen, und Ulrike mußte dabei sein. Die Herren, eines Sinns und einer aus gleichen Quellen bechernden Fröhlichkeit prosteten mit roten Antlitzen zu weißen Haaren. In vorgerückter Stunde trat unter die Zecher groß, wuchtig, mit gutgemachtem Glatzkopf ein Mann. Auf seiner Brust am Frack hing ein Stern.

Augenblicklich hatten wippende Stimmen sich befestigt, Köpfe sich zurechtgerückt; Ulrikes Nachbar aber dem Nebenmann zugeraunt: Spät kommt er, doch er kommt, der Jude.

Dem flog des Mädchens mächtige Spannung zu. Nicht der Weltstadt fehlender Glaube und Miltitz' unverlierbare Liebe zu Gott zeigten ihr den Abgrund zwischen der Heimat und der neuen Umgebung schneidend, aber wie dort zu Blum, dem Pferdehändler, Berge gesellschaftlichen Abstands der Vater türmte, und hier alter Preußenfamilien Abkömmlinge vor diesem Fremdblütigen sich zusammennahmen, bewies Ulrike, Berlin könne ihre Welt nicht sein, und unberührt und geprüft, sei sie sich selbst zurückgegeben.

Noch manches hatte auf der Rückfahrt der Vater von diesem Mann gesagt, den wie ein Dutzend seiner Glaubensgenossen man bei wichtigen Sitzungen nicht mehr missen konnte. Bedeutend hatte die Mutter genickt, und es ward Ulrike durch der Frau gepreßte Zustimmung dieser Männer Kraft gewisser als durch des Vaters Beweise. Es besaß also der wie ein Araber gemachte Mann Eigenschaften aus seines Blutes Wucht, die Führer wie den Vater zwangen, ihn trotz unverhehlten Abscheus an ihrer Seite bei Geschäften zu dulden, deren Sinn Ulrike dunkel war, von denen sie aber spürte, ihretwegen spielte sich alles nach außen gerichtete Leben ihres Volkes ab.

Doch zog vor dieser Erkenntnis sich das Herz noch mehr zusammen, und als an der Station man in den Wagen sprang, schwur mit Schwung das Mädchen, tiefer in sich und Gefühle fliehen zu wollen, die keiner Elektrizität und brausender Eile, aber auch Berlins nicht und keiner Juden bedurften.

Brand war seines Zöglings froh. Statt erzogener Neigung für den Erlöser entspannte der jungen Brust sich so warme Hingabe, daß ein Blühen über Miltitz wuchs, wohin Ulrike kam. Nicht mehr nur Pflicht war ihr Erscheinen, sondern mit dem Notwendigen gab sie den Armen noch ihrer Güte Licht, kleidete die Kleinen und küßte sie, Kraft vergießend, auf die kümmerlichen Backen; drückte Ströme guter Hoffnung mit dem Geldstück den Wöchnerinnen in die Hand. Über ihre Tiere hinaus schuf unter Menschen sie helle Gesichter und blieb ihnen Versicherung, Gott meine es gut mit ihnen.

Nur zwei-, dreimal im Jahr bei festlichen Anlässen schien sie noch eine Bolz, und der Spruch über der Haustür:

Doch im Herzen starr der Glaube:
Wer den lieben Gott läßt walten,
Und rassiger Trotz und Treue zum Thron
Haben sich wunderbar erhalten.

Wo ein Turm in sandige Wüste ragt
Am Tor das alte Wappenschild —
Zwischen Elbe und Oder liegt das Land,
Wo Luther und Hohenzollern gilt.

dünkte, als sie erwachsen war, sie beschränkt. In ungehemmterem Sinn war Ulrike Christin.

Eifrig glaubte sie, auf gleicher Freuden und Leiden brüderlicher Gemeinschaft mit aller Umwelt beharren zu müssen. Eigenes Glück dürfe von den übrigen sie nicht trennen, Vorrechte kein Leben erleichtern. Wolle sie sich auszeichnen, möge an des Menschenstroms Spitze sie der trotzenden Wogen Gewalt brechen. So war aus ihr die Brücke zu allem Menschlichen geschlagen, Himmel und Landschaft nur noch Staffage allgemein kreatürlichen Gedeihens.

Schlichte Tracht, bescheidener Hunger und Wunschlosigkeit machten sie zur angenehmsten Hausgenossin, und Vater Bolz hatte Beifall zu ihrem Wandel längst in die Anrede gelegt, mit der er sie grüßte: Jungfrau Märtyrerin; in der er anfangs das letzte Wort betonte. Doch als Ulrike älter und der zwanzigste Geburtstag ein Weilchen gefeiert war, glitt in des Vaters Mund der Ton deutlicher auf das erste Wort. Und mit den Jahren so entschieden, daß endlich das Mädchen den Sinn zu fragen begann. Stellte vor aller Welt und mehrmals am Tag man ihren ledigen Stand ausdrücklich fest, war er eine Eigenschaft, die allmählich zu denken aufgab; und so wurde Ulrike dahin geführt, die Möglichkeit zu überlegen, das Elternhaus und ihr ausgefülltes Sein einst mit einem neuen vertauschen zu müssen, von dem jede Vorstellung fehlte.

Denn sie sah die bessere Kraft nicht, die aus einem Mann sie mehr beglücken sollte, als die aus des eigenen Lebens Wurzeln sie täglich überraschte. War himmlischer Rundlauf aus ihr zur Welt und in sie zurück nicht offenbar, und wo gab's in diesem Strömen ein Halt, Ursache, es nach vorwärts, rückwärts oder irgendwohin zu verbreitern? Las aus allem Blick, zu jeder Tat sie nicht Bejahung?

Wo war der irdische Mann, in dessen sichtlich größere Gewalt sie ihren Drang hätte senken sollen, daß steiler der Strahl der Liebe sprang und ihres Daseins Sinn sich gründlicher erfüllte? Keiner, den sie gekreuzt, hatte an Demutswillen mit ihr gewetteifert, und war sein Tun und Predigen tausendmal gesegnet, auch Pastor Brand nicht.

Aber Kandidat Kittels Barmherzigkeit wuchs ganz aus Ulrikes feurigem Anstoß. Lau war, als er gekommen, seine seelsorgerische Lust gewesen, und brach seine Nächstenliebe nun wie Fall zu Tal, empfing von ihren Gnaden er die treibende Kraft.

Auf dem Friedhof die Kapelle bauten sie nach gemeinsamem Plan und wählten den bläulichen Stein, die Gläser gedämpft ihrer gegenseitigen milden Neigung füreinander gemäß. Ton, der aus des Jünglings Brust mit evangelischen Schwingen zu dem Mädchen fuhr, blieb unverändert fern und zart.

So wünschte Ulrike Leben nicht geändert. Wie war in dieser Welt jede Wegstation ihr fröhliche Ankunft, gesegneter Aufbruch aller Abschied. Viele Schicksale füllten sie, und mannigfach war schon erdiente Erfahrung in ihr, die begann, in die jungen Züge zu schreiben. Sie hoffte, es müsse der Vater begreifen, an so entschlossener Führung sei nicht zu deuten. Geworfen sei ihr Los, und was zu hoffen blieb, sei, durch höhere Ereignisse möchte das Maß des durch sie zu lindernden Elends gesteigert werden. Das war auch ihrer Gebete Sinn.

Der sich erfüllte, als die europäischen Kriege kamen. Nach des Rauschs und der Panik Tagen fand, aus friedlichem Wirken geschleudert, sie sich in kaltem Gemäuer, wo auf Stroh verstümmelte Rumpfe lagen, die von ihr begossen, gewickelt und entleert sein wollten, und deren stinkenden Abfall sie den Gossen zukehrte, bis die sich mit teigigem Schlamm verstopften. Zu der Front Gebrüll drang Fluch, Gestöhn und letzter Seufzer so gewaltig zu ihr, daß Einzelnes sie nicht mehr unterschied und ohne Besinnen nur faulige Jauche der Blutströme und des massenhaft Amputierten in gurgelnde Kanäle goß. Erst nach Wochen stockte der pestende Auswurf und begannen Gesichter durch Krach und Qualm in ihre von Schreck gesperrten Augen zu blinzeln. Nun schickte sie sich, Fälle und Namen zu merken, an und schied von allen übrigen die Männer ohne Arme und Beine, die ihrem Beistand auf Gnade und Ungnade verfallen waren und gehörte ihnen ganz. Bestrich lindernd Stümpfe und durchgerissenes mürbes Fleisch, flog mit Gefäßen so hurtig herbei, daß Wind der Schürze Segel blähte. Dazu schoß aus brennenden Lichtern sie ihrer Hast verheißende Blicke voraus. Mit Schwung hob sie Kissen und ließ Decken wie Watte flattern, daß zage Häute von ihnen keinen Druck mehr spürten. Der Ärzte Strenge fiel durch ihrer Mienen Sieb wie Trost an der Duldenden Ohr, und zu Leid und Qual schwang Gelassenheit und frisches Zutraun allmählich durch den Saal. Blume erschien erst einzeln, dann in bunten Reihen vor den Fenstern, ein Bild hing plötzlich da, und Tücher blühten frisch und weich.

Hatte sie abends letzte Bedürfnisse überall gestillt, und fiel ein Auge nach dem anderen zu, gab sie menschlichen Lächelns, sanfter Bewegung Reiz den Müden mit in den Schlaf. Ohne Nahrung, in verschwitzter Wäsche stürzte sie in die Matratze und trank aus verwunschener Ruhe Kraft für den neuen Tag.

Innig schlossen in liebeshungrige Herzen sie die Männer. Mit kupierten Leibern waren sie doch galant und gaben sich in den Kissen mit gewolltem Schick. Mußte ein Peinliches sein, sagten sie gleich Pardon und erröteten wie Knaben. Das Ungehörige war vor dem Engel ihnen gräßlich, und noch lange nachher wußten sie vor Scham nicht aus noch ein. Von ihres Lebens besten Dingen sprachen sie und suchten aus der Erinnerung schon fleißig nach feinen Worten, ehe die Pflegerin sie riefen. Deren Bitte war mehr Befehl als des Vorgesetzten Weisung und, den Widerspenstigsten zu zähmen, genügte des Kameraden Ruf: So wills Ulrike aus der Uckermark!

Nahmen die meisten aber ihre Güte wie geschuldeten Ausgleich finsteren Schicksals, gab es andere, die in Schwärmerei fielen und an ein Himmlisches mit ihr glaubten. Die hatten morgens Blicke wie ins Trockene schnappende Karpfen, bis die Schwester Glück des besonderen Hinsehens ihnen schenkte. Bald vermochten wie auf Rollen sie den Körper in die gewollte Lage zu schieben, dem angeschwärmten Mädchen Last zu sparen und lachten übers ganze Gesicht, fand das sie in der neuen Stellung, deren Zustandekommen es sich nicht deuten konnte.

Einer von den Soldaten, August Bäslack, war nur noch Rumpf mit einem Arm. Niemand wußte, zu welchem Ende Gott das Paket noch verwahrte. Er selbst aber, nachdem er tagelang in Morästen gefault, schien auf Stroh unter Dach und Fach sich wohl zu befinden. Kam Ulrike, riß er Mund und Nase auf und starrte sie an, als sei sie Theater. Erst sprach er nicht, schlang nur Speise und Trank ein. Tränen flossen ihm in den Teller, die nicht Leid, sondern Entspannung waren. Unter dem Leintuch trommelte oft Sturm der Leib; oder Schweiß brach in Bächen aus, und wie ein Kessel dampfte der Mann.

Allmählich aber dichteten sich Fugen, und der Musketier ward ein Saalinsasse wie die anderen. Nun blieb auch bei ihm Ulrike und zog in Gesprächen das Schicksalhafte aus ihm. Ein Unhold war vor dem Krieg er gewesen, in Gefängnissen häufiger Gast, der nur zugesehen hatte, wie unter seelischen Erregungen, die er nicht missen wollte, jeder Tag mit Diebsabenteuern und Schlimmerem für ihn verlief. Putzige Grundsätze hatte er, behauptete, aller Menschen Absicht ginge auf Raub aus, und seine Art sei nur die einfältigste und schäbigste von allen. Doch reiche zu höherer sein Verstand nicht hin. Ulrikes sittliche Einwände hörte er höflich dann mit Ermüdung an; meinte, sie seien auch darum überflüssig, weil der alte Beruf für ihn ohne Beine und Arm nicht tauge. Als das Mädchen sah, hier fiel zum erstenmal ihr Wort auf Stein, flammte Bekehrungseifer auf. Häufiger stand sie an Bäslacks Bett und öffnete ihrer Gründe Schleusen weit. Während sie den Liegenden mit Bibeltexten überschwemmte, brannte das gute Herz bis zu den Backen und erleuchtete den Verstockten. Doch wies der sich auch als kein schlichter Gauner, sondern verteidigte begeistert sein feindliches Verhältnis zur Menschheit, das mit Moralbegriffen er nicht zu messen doch natürlich fand, und das er politisch nannte. Wie sie denn Christentum den Greueln verbinde, mit denen gerade ein Erdteil kreise? Ob es nicht peinlicher sei, in des Erlösers Namen unter besiegten Völkern brennen und sengen zu müssen als nach eigenem oder der Obrigkeit Willen? Er wenigstens spüre Genugtuung, bei solchen Anlässen nicht jedesmal erst seelische Turnkunststücke vor seinem robusten Gewissen wie die Kameraden machen zu müssen, sondern das Befohlene und anscheinend Notwendige mit Humor und wirklichem Genuß ausführen zu dürfen. Schema rede sie und betäube sich mit Gang und Gäbem. In folgende Dinge etwa solle sie sich hineindenken: Und nach knappen Fakten, die er verbürgen wollte, malte er kaustisch die geschaute menschliche Demenz.

Er lüge, schrie Ulrike ihn an, lüge infam und für solche Geschichten wolle sie ihn zur Verantwortung ziehen. Doch knickte Bäslacks Geschiel ihre Entrüstung und entformte sie zu Zweifel und Angst. Immerhin hatte am anderen Morgen sie Haltung genug, mit Überzeugung wieder bei ihm zu sein; und aus ihres Glaubens Kraft bliesen zwei Menschen sich fiebrig an, bis des Mannes Gewalt aller geschändeten Kadaver Gesamtheit vor sie hintürmte und ihr seelisches Gleichgewicht stürzte, daß als Pfeil ihr aufrecht im Herzen ein Finsteres stand. Da hatte Ulrike Ringe um die Augen, und über den Kiefern lagen Schatten in des Fleisches Teichen. Hielt sie sich äußerlich vor Bäslack steif, sah sie, er kannte ihren Bruch und werde sie nicht aus den Fängen lassen.

Zu den übrigen floh sie und suchte aus ihrem Glauben Mut. Alle Soldaten im Saal haßten Bäslack, der sie wie betrogene Betrüger maß und Zähne zeigte, sangen unter Ulrikes blonder Führung sie:

Rußland, o Rußland,
Wie wird es dir ergehen,
Wenn du die deutschen Soldaten wirst sehen?
Deutsche Feldsoldaten
Schießen alle gut
Wehe dir, wehe dir, Rußlands Blut!

oder übers ganze Gesicht lachte, folgte laut das gemeinsame Nachtgebet.

Übrigens neigte jäh sein Zustand zur Krise, und eines Morgens stand der Tod so nah bei ihm, daß vom Sterbenden selbst er nicht mehr mißkannt sein konnte. Da schlug Bäslack Ulrike den Blick wie mit dem Hammer ins Herz, daß platt an ihm sie festsaß und goß mit heimlich obszönen Bewegungen ihr eine Flut unflätiger, alle menschlichen Ideale schändender Worte ins Ohr, wozu er selig, fast verklärt, wie zu lösender Beichte lächelte.

Als befleckt Ulrike eine Gebärde des Abscheus machte, ließ er sie, die Decke lüpfend, seines zertrümmerten Leibes Grauen noch einmal schauen, warf mit letztem Schwung ihr das Gesäß entgegen und verschied.

Nach einjähriger Arbeit an der Front ließ Ulrike sich in die Etappen holen. Auf ihrer Station fand sie Kittels Schreiben, der als Feldgeistlicher das Eiserne Kreuz erworben hatte. Sein Brief war Begeisterungsschrei. Mannschaft, untere und obere Führung — alles prachtvoll. Schlacht und Sieg folgten sich wie in Bilderbüchern. Der Soldat rief Halleluja wie Hurra und fiel angemessen schlicht. Zum Schluß schrieb Kittel, wie oft ein Zwang ihn fasse, selbst die Waffe zu nehmen und mit den Stürmern in des Qualms geballteste Wolke sich zu werfen. Einmal habe er nicht widerstehen können: Als bei einem Angriff des Bataillons sämtliche Offiziere gefallen waren, habe den erstbesten Degen er geschwungen, und unter seiner und des Stabsarztes Führung sei frisch die Attacke bis in die feindlichen Gräben geschwenkt worden. Gewiß, sie spüre voll und ganz, welch unvergleichliche Zeit ihnen mitzuerleben vergönnt sei, drücke als ihr ewiger Bruder in Christo, Kittel, er ihr die Hand.

Ulrike sah ihr Leben in Schläuchen sickern, die nicht mehr dicht waren. Kittels Brief stimmte zu Bäslacks Bekenntnissen wie der Jugend hübsches Einerlei zum heutigen Chaos. Doch merkte sie plötzlich Krieg und Krüppel unmittelbarer und jetzige Zustände den Menschen der Epoche gemäßer als alles, was im Frieden gewesen, und das ihr nun wie von einem ironischen Konditor verzuckert schien.

Gelang es mit Standesgenossen noch, deren Sprache zu sprechen, fand sie sich bald in zwei Wesen gesprengt, von denen eins den alten Text geduldig sprach, ein anderes jedes Wort von den Lippen fing und in ihm allemal einen fatalen Gegensinn feststellte. Erschreckend fand Ulrike das Gespenst, belustigte sich aber mit ihm über die andere Ulrike aus der Uckermark, wie die Soldaten sagten.

Durch Erschütterungen entrundet, tat im Lazarett sie mechanisch ihre Pflicht. War mit gähnendem Maul nun Pflegerin wie die anderen, schlürfte durch Bettreihen und schien den Kranken wie Trank und Arzneien bitter.

Doch ekelte sie Unlust zur Arbeit. Kühe und Hühner hätte sie wieder füttern, mit Leuten vom Land deren Notdurft bereden mögen, um nicht bei jeder Handreichung wachsenden Widerstand beugen zu müssen. Das Härteste war, des Zerfalls Ursachen zu nennen und aufzuklären, erlaubte sie sich nicht. Als sie die Verwandlung erkannt, hatte sie sogleich jenen unwiderstehlichen Geist in sich gespürt, der auch im Elternhaus manch Überkommenes belächelte, mit Stolz und Absicht aber weiterschleppte, als hingen Geltung und Leben davon ab.

So ging wie geköpft sie durch die tolle Zeit. Und als in Reden und Schriften der Unsinn kraß wurde, groteske Ereignisse lärmender prasselten, rettete vor Not sie sich in äußere Zerstreuung. Fand vor europäischer Nacht Licht bei exotischen Kinobildern. Jede freie Stunde, die auf Grund bevorzugter Geburt sie sich jetzt unbedenklich verschaffte, saß sie in der besetzten Hauptstadt Lichtspielsälen, in derem gepflegtesten Krankenhaus sie seit kurzem wirkte. Aus dem Film rollten Geschöpfe in Situationen, die zwar kaum noch wahrscheinlich waren, aber Kanäle zu ihr vertrauten Empfindungen offenließen. Wilde gab's im Busch, zur Rache gekämmte Indianer auf dem Kriegspfad, Schakale in der Jagden Rausch; doch immer konnte der Beschauer an der Kreaturen Gewalttätigkeit begreifend teilnehmen. Es blieb gewissermaßen der Gott sichtbar. Nicht Christus gerade, doch Jehovah, Mohammed oder ein Fetisch, der die Dinge in höherem Sinn lenkte. Im Mord war Vergeltung, Hunger im Raub, vor Urteil Verbrechen. Es klang die im Orchester gemachte Musik aus den Ereignissen mit. Von feurigen Wassern solcher Abenteuer gewaschen, vermochte Ulrike den täglichen Dienst gefaßter zu verrichten.

Aber mit der Ereignisse Folge schlug Sucht nach eines Herzens Umgang endlich zügellos aus ihr. Von Bekanntschaft sprang zu Bekanntschaft sie nach dem erlösenden Zeichen, mißachtete Schnurrbärte und Monokel und ersehnte vor Essen und Trinken ein einziges Wort, wie sie Bäslack in Katarakten vom Maul geflossen waren. Ihn sah sie innerlich wieder, seiner Blicke klirrenden Fluch, die blanken Verdammungen. Und wie in Rotguß erschien die mit dem letzten Atemzug ihr präsentierte Plastik wieder. Durch Gassen lief sie, stöberte im Gesindel nach kühnen Visagen, drängte in des Mobs Zusammenrottungen und fand auch da zu Brei gewälzte Phrasen, denen noch die Druckerschwärze vom Morgen nachstank. Ein Menschengewühl, über das man Kübel Kleister gestürzt hatte.

Am Ort, wo mit Bekannten sie aß, saß ein Landsmann, der durch sein Äußeres auffiel. Da er mit Herren an ihrem Tisch sprach, hörte sie manches von ihm: ein Maler, Hilfsarbeiter im Gouvernement und Jude. Man sprach halber Zurückhaltung zu ihm, nicht gerade wie Vater Bolz einst zum Pferdehändler Blum, doch weiter noch von der feindlichen Hochachtung entfernt, die am festlichen Abend in Berlin jenem Besternten gegenüber Ulrike einst bei den Ihrigen bemerkt hatte.

Als unterspült und Hemmungslosigkeiten preisgegeben, sie durch die Welt den Blick nach Hilfe schickte, blieb er manchmal bei jenem Mann, der wie aus Quarz die Kinnlade, gestielte Augen trug und auf der Bank wie in sie hineingetrieben saß. Mächtige Schlucke und Bissen tilgte er und schwang aus stählernen Gewinden. Oft auch entzischte ihm Feuer wie aus Gasgebläsen, das Ulrike versengte.

War ihre adelige Struktur auch bis zum Grund gelockert, hielt Vorurteil sie doch reichlich ab, diesen Menschen als aus ihrer Welt zu sehen. Tauchte seine Vorstellung auf, wuchs vom Hals zum Fuß ihr eine Gänsehaut. Wie einen Orang-Utan nahm sie ihn, aber nicht, ohne daß wie vor solchem Tier sie allmählich Schauer kühner Gewalt und urfremd elementarer Art bewehten. Ihr Leben, das sich eben gegen eine Welt gesträubt hatte, suchte sich nur vor dem Nachdenken über die männliche Bestie, die die Freunde Posinsky riefen, zu bewahren, und zum erstenmal fand sie sich eine richtige Bolz, vor einem Lebendigen absichtlich mit geblähten Nüstern stelzend.

Eines Tages in Regengüssen bot er einen Schirm an; sie trat zu ihm, und gleich pfiff er ein so besonderes Lied, daß mit allen Sinnen sie horchte. Merkte sie auch, er führte über Straßen und Plätze sie kreuz und quer, mochte sie ihn nicht hindern und betrat an seinem Arm schließlich eine Wirtschaft.

Ellbogen auf den Tisch gestemmt, hieb er dort so erbarmungslos in das Gerüst der Welt, daß einzelne Zusammenbrüche sie nicht mehr merkte, nur sah, wie mit besessener Kraft und besserem Wissen er zuschlug. Als tränke sie Punsch und sei irgendwie wieder köstlich warm, hatte sie ein Gefühl. Und als er gegangen war, hielt aus seinen Worten eine Wolke sie noch schwebend.

Da waren ihres Urteils mit Mühe verriegelten Schleusen geöffnet. Begriffe in des Gedächtnisses Schacht wechselten Farbe, und in ihrer Erkenntnis war vor Taifun jüngster Tag. Mit schärfstem Mikroskop in der seelischen Brille stand sie vor der Schöpfung und erbrach ihrer Erziehung frommen Betrug, auf einmal.

Nun sehnte mit Posinsky sie das Wiedersehen herbei, daß seine guten Gründe ihr das Entdeckte stützten. Doch war das zweitemal er ein anderer. Gut gelaunt und sanft, wies das Zeitgenössische er überhaupt von sich und begann von Dingen ganz außerhalb heutiger Vorstellungen zu sprechen. In Afrika war er gewesen und erzählte von Negervölkern. Auf des Kaffeehaustisches Platte zauberte er Tropenlandschaft und, im Sturz des Lichts, ein scharlachenes Paradies. Von dieser Einfachen Trieben sprach er so dringlich, daß Luft um ihn vor Vergnügen sich rötete, und Hitzschauer durch Ulrikes Wäsche liefen. Europas Veitstanz ließ er hinter sich und buchstabierte ihr begeistert einen schwarzen Kanon.

Bei späteren Zusammenkünften fuhr er damit fort, und in des Cafés Winkel riß er sie und sich vollständig aus Wirklichkeit. Um rotes Sofa blühte der Brotbaum, kieselten durch Urwälder Stromschnellen, und schwitzte der schwarze Kontinent seine ganze leckere Fruchtbarkeit. Unter Bambus und Bananen, Früchten und Orchideen verschwenderischer Natur sahen in blauen Winden sie ebenholzenen Rassen beim Schaffen zu. Wie Balubas, Hussahs und Watussis rinderweidend, auf der Jagd oder webend, töpfernd und stickend den schlichten Tag hinbrachten, der seit Karthagos Zeiten dauerte. Das war Posinskys Trumpf, des Negers klassische Beständigkeit in jahrtausendelanger Reibung mit den Weißen zu zeigen. Aus ihrem Blut allen Lockungen der Zivilisation trotzend, erhielten sie sich der Götter zauberisch parfümiertes Eiland, um das ein Wall von Eis, dörrender Glut, Wüste und zu dichten Wäldern gekeilt, sie vor eiliger Beweglichkeit schützte. Aber diese Wilden wies er ihr ohne Philosophie mit handfesten Begriffen, ohne Kunst bildnerisch, fromm ohne Dogmen. Wie ihre Handlungen, aus Trieb unmittelbar aufspringend, die Welt nicht zu Entwicklungen vorwärtsstoßen, sondern das Glück am Feuer bewahren wollten, sie sich erobernd nicht ausgebreitet und versprengt, sondern kraftstrotzend am immer gleichen Platz ihre eigenen Weiber mit seßhaft gewilltem Samen gefüllt hatten.

Aus Ulrikes Brust schoß groß und dunkel eine Blume, die sie mit Lebenssaft begoß, und als deren Schöpfer sie Posinsky ohne sein Wissen liebte, wie man das sich Offenbarende verehrt. Holz- und Elfenbeinskulpturen der Sudanneger besaß er und wollte sie ihr bei sich zeigen. Sie folgte dorthin und bestaunte die kubischen Hölzer; durchblätterte seine afrikanischen Skizzen, in denen er die feurig edle Gestikulation ihr anmerkte. Sie, aus uraltem Stamm, sagte er, habe oft eine Neigung des Kopfes oder der Beine Drehung, die ihn an schwarze Weiber mahnte.

Bald darauf zeichnet er sie vor seinem Tisch. Plötzlich wischt er Kragen und Krawatte fort; man sieht, wie ihn Begeisterung packt. Aufrecht stellt er sie, und mit Rucken zieht Zeug und Wäsche er ihr von den Hüften, daß in Bluse und Schuhen sie nackt vor ihm ist. Dann fegt mit Faustschlägen aus dem Pinsel er des Schenkels Kontur auf den Malgrund.

Modell und Geliebte war sie ihm, wie er sie wollte. Aus allem Sonst war sie in ihn und auf eine Spirale gerollt, aus der er sie schnellte und sich ducken ließ. Bald stand sie hoch auf Podien, und er renkte ihre Maße in seines Bilds Erfordernisse, daß das Getast unter seinen Griffen bäumte und Gesait zu spitzen Tönen aufschrie oder in Geheul verseufzte. Pedal war sie, von ihm getreten und englische Stimme, durch ihn gelockt. Doch in raumloser, zeitloser Fülle gebar sie sich fortwährend Himmlisches.

Aus gekappten Rändern lief sie ganz in ihn aus und war nur noch Teig, an dem er aß und satt wurde. Da er sie afrikanisch wollte, schickte sie sich an, Trope, schwarzer Beischlaf, halbtierische Schwellung und Geruch von Negerbeize zu sein. Alles Wirkliche war so von ihr gespült, daß Geschosse, die oft genug in die Stadt fielen, ihr von draußen schreckliche Gegenwart nicht mehr vermitteln konnten.

Aber auch Vergangenes ward apokryph. Kam es ihr selten in den Sinn, glaubte sie an Traum und Sage. Das arme Mädchen, das das alles erlebte, mußte einer fremden Rasse angehören, deren Aufnehmer welk und verblüht waren. Manchmal summte Ulrike eine Strophe, die ihr exotisch klang, wegen der Worte, an Schnüre gereiht:

Gouvernante, Stundenplan,
Knix, Pflicht, Ordnung, lieber Gott!
Taufe, Impfung, danke schön,
Polizei und Magistrat.

und tanzte dazu, indem sie den Bauch kugelig und immer runder rollte.

Mit Posinsky lebte sie auf einem Flur, und ihre Stuben liefen ineinander. Vorhänge hielt sie geschlossen und ging, ihres Dienstes ledig, kaum noch zur Straße. Tag war Vorbereitung für ihn, kam er nach Haus und wollte verschnaufen.

Im großen Wohnzimmer hatte an Pfählen sie den Kral aufgemacht, unter dem auf einer Löwenhaut sie die grellgeschürzten Lenden, fleischige Beine spreizte und einfachste Vorstellungen hatte. Quelle war sie, in die, sich zu nässen, er tauchen sollte, und hielt sich rein und von anderem Verlangen ungetrunken. Kaum gab dem Licht sie mehr nach, das durch Gardinenschlitze nach ihr leckte, sondern war ohne ihn aus aller Wahrnehmung in einen lächelnden Halbschlaf geschält und hörte das Murmeln ferner Meerbusen.

Trat er aber ein, und es klirrten des Himmels Soffitten, entschränkte sich das ausgeruhte Weib, renkte Gelenke an Ketten hervor, und motorisches Pochen klopfte aus allen Gliedern schon den Boden. Dann war Kilimandscharo, keine Zeit und heißer Wind im Halbdunkel, eine polierte Magd und ein saftiger Häuptling. Fast nur ein starker behaarter Affe und die berauschte Äffin.

Von Entwicklungen tropfte Ulrike sich frei und schabte Ursprüngliches, in Geschlechtern verschüttet, aus sich heraus, bis sie blank und ihr dichtestes Ich war. Jahrtausende hatte sie rückwärts eingeholt und wünschte das späte Paradies nicht herrlicher.

Lächelnd ließ von Posinsky sie sich noch die Häute bemalen und tätowieren; zu tiefem Schwarz das Haar färben. Lippen und Zitzen spitzte sie selbst mit Zinnoberrot.

Ganz im Glück hatte sie nur noch Gehorsam. Peitsche kam von selbst, nach der sie schwank und fröhlich tanzte.

Der Mann aber fühlte sich auch behaglich und verbrauchte zu seinem Einkommen eifrig Ulrikes Rente. Seiner geschmeichelten Eitelkeit gelangen sogar beträchtliche Bilder.

Oft kam er sich erhaben vor, schleifte vor ihm das berückte Fleisch, das eigentlich eine deutsche Gräfin war. Manchmal war er auch traurig darüber, und wußte nicht warum. Immerhin schien er schließlich nicht unglücklich, als Ulrike einen Knaben entband und in der Geburt mit verzückten Grimassen starb.

Da das Kind mit aufgekippten Lippen ihm widerlich schien, gab er es an ein Findelhaus, nicht ohne vorher auf der wichtigsten Leinwand seine Umrisse der unter Palmen schlafenden Ulrike in den Schoß gemalt zu haben.

Das Bild heißt „Nevermore“ und hängt in öffentlicher Sammlung.

NACHWORT

Kampf der Metapher!

Das Verdienst beanspruche ich, in einer Komödienreihe, dann in Erzählungen ein bis 1914 wesentlich durch praktische Erfolge und große Bankguthaben hervorragendes Bürgertum als seiner eigenen, gehätschelten Ideologie inkommensurabel gezeigt zu haben.

Ich entfachte zu keiner Erziehung; im Gegenteil warnte ich vor einer Verbesserung göttlicher Welt durch den Bürger und machte ihm Mut zu seinen sogenannten Lastern, mit denen er Erfolge errang, und riet ihm, meiner Verantwortung bewußt, Begriffe, die einseitig nach sittlichem Verdienst messen, als unerheblich und lebensschwächend endlich auch aus seiner Terminologie zu entfernen.

Es sei unwürdig und lohne nicht, das Ziel, eigener Natur zu leben, metaphorisch ängstlich zu umschreiben. Es gehe damit, bei selbstisch gerichtetem Urtrieb, kostbare Kraft verloren.

Auch müsse er fürchten, es käme ihm sonst noch der Proletarier zuvor, der mit Metaphysik und allem Eidos kräftig tabula rasa zu machen sich anschicke, nachdem der Adel schon seit Menschenaltern vernünftig und politisch lebe.

Mein Unternehmen ist nicht ohne Nachfolge geblieben. In manches Dichters Schriften beginnt sich ähnliche Absicht auszudrücken, ohne daß der Verfasser Aufhebens von seines geistigen Mutes Herkunft machte. Mit dem eigenen Namen deckt er vielmehr, was Jahre vorher gültiger durch mich festgelegt wurde.

Thea Sternheim aber, meine Frau, fügte in ihrer Erzählung „Anna“ Eigenes zu meinem einmal gewonnenen Standpunkt und hat durch einen Erfolg, den ihr anonymes Werk mit meinen Novellen eines gleichen Bandes beim Publikum und der Kritik fand, eine zwar demütige doch bedeutende Wirkung.

9 789356 903548

Printed at Repro India Ltd.